LES

FOLLLES NUITS

Légende

DU PRADO

Paris. — Imp. D'Aubusson et Kugelmann.

LES
FOLLES NUITS

LÉGENDE

DU

PRADO

PAR

Un Invalide du sentiment.

—◦❦◦—

Prado, place du Palais-de-Justice.

1854

LES FOLLES NUITS

LÉGENDE DU PRADO.

Chapitre premier.

(Historique.)

Il existe à Madrid, la ville aux molles sérénades, aux folles amours et aux balcons dorés, à Madrid la ville au ciel bleu, aux nuits tièdes et parfumées, le pays où l'on sait aimer en dépit des duègnes et des tuteurs, il existe, disons-nous, une merveilleuse promenade, un Eldorado, comme disent les amoureuses, où vont chaque soir les sénoras oublier les ennuis d'une trop longue journée en décochant des œillades assassines aux Almavivas en gants jaunes et en bottes vernies, tenue aussi exacte que peu nationale. La mantille est encore portée par les femmes, mais le sombrero aux larges bords et le manteau couleur de muraille ne sont plus qu'à l'état de souvenir, et ne se retrouvent que dans les galeries de famille affublant ces têtes graves, tristes et belles, dont les peintres ont perpétué le souvenir.

Cette promenade se nomme le Prado. Ce n'est pas de celui-là que je veux vous entretenir. Si vous me demandez pourquoi. je vous répondrai une chose stupide : c'est que je ne le connais pas. — Pauvre raison, à coup sûr, car le beau mérite de parler des choses que l'on connait ! parler de ce que l'on ne connaît pas, à la bonne heure, là est le difficile. Et ceci est tellement vrai que si Mery avait voyagé dans l'Inde, il n'eût jamais écrit Eva ; demandez-le lui plutôt !

Le Prado dont je veux vous parler, vous le connaissez déjà, car vous êtes amoureux de vos plaisirs, et intelligent, puisque vous avez acheté ce bouquin cinquante centimes, ce qui, je le déclare, est fort honorable de votre part, et ce qu'à votre place je n'eusse certainement pas fait. Après tout, vous avez parfaitement bien agi, je ne vous en veux nullement, et quoi qu'en puissent dire les mauvaises langues, vous avez fait une excellente acquisition ; rien ne vaut un mauvais livre pour appeler le sommeil ou allumer sa pipe et son feu.

Mon Prado est un aristo, comme on disait en feue République, et compte plus de quartiers de noblesse que les plus grands noms du faubourg Saint-Germain, et il faut ici lui rendre cette justice, qu'il n'en est pas plus fier pour cela, ce en quoi les monuments se montrent bien supérieurs aux hommes auxquels ils donnent de continuelles leçons de sagesse et de sens commun. Tel marquis paralytique et cacochyme, perclu de goutte et de rhumatismes, se croit le soutien inébranlable, le rempart de toute une dynastie, tandis qu'il ne peut se soutenir lui-même. La tour Saint-Jacques-la-Boucherie, ferme et droite, implore humblement le secours de l'architecte et du maçon. — J'aime mieux la tour Saint-Jacques.

En 891, le Prado, bâti par un comte nommé Eudes, je ne sais pourquoi, s'appelait Saint-Barthelemy et était une église paroissiale et royale à laquelle attenait un couvent de moines qui devaient, sans nul doute, être des Bernardins, à en juger par certains refrains dont les échos de la voûte retentissent encore. Il quitta son premier nom pour celui de Saint-Magloire, puis celui de Saint-Magloire pour celui de Saint-Barthelemy, jusqu'à ce qu'enfin, en 1789, il lui prit fantaisie de se faire réédifier. En changeant de forme, le bâtiment changea aussi de destination et devint le théâtre de la cité, que Franconi inaugura et où débutèrent Brunet et Pottier, ces auteurs célèbres à si juste titre ; en 1807, on joignit des bals au théâtre ; puis vinrent les francs-maçons, qui chassèrent les danseurs et les cabots, puis vinrent les étudiants, Bullier, *Duce* qui remplacèrent les francs-maçons. Comme monument, on le voit, le Prado est riche de souvenirs et de documents historiques. D'anciens piliers parfaitement conservés donnent une idée exacte du style dans lequel était construite l'église Saint-Barthelemy. Des ren-

seignements fournis par M. Bullier, qui
est quelque peu historien, antiquaire et
numismate, me paraissent assez curieux
pour que je les consigne ici, d'autant
qu'il pourront être pour des historiens sérieux un point de départ pour arriver à la
solution de certaines questions irrésolues
jusqu'à ce jour. Pendant les guerres de
l'invasion normande, des chefs bretons
envoyèrent en dépôt aux moines de Saint-
Barthélemy le corps des saints et des
saintes pour lesquels ils professaient la
plus grande vénération.. Plus tard, quand
la paix du pays fut assurée, ils réclamè-
rent leurs reliques, mais il ne leur en fut
remis qu'une partie, ce qui occasionna, dit
Dulaure, un procès célèbre à cette époque.
Quelques autres châsses gardées par les
moines furent placées à Saint-Magloire,
mais ne complétaient pas, avec celles
qu'ils avaient rendues, le nombre qui leur
avait été confié. Cinq ou six des cercueils
avaient disparu, et l'obscurité la plus pro-
fonde a toujours régné relativement à ce
qu'ils étaient devenus. Dernièrement, en
faisant des fouilles dans les souterrains
du Prado, cinq ou six squelettes assez bien

conservés, quoiqu'attestant une vieillesse, de huit ou neuf siècles, ont été découverts et remis à qui de droit.

Aujourd'hui l'avenir de la France s'y livre à l'étude des bonnes manières sous la surveillance de la morale en tricorne et en pompon. Ici c'est un jeune Cujas qui se dédommage de la crainte d'être un jour attaché au parquet, en bondissant d'une manière exhilarante et levant congruement le pied à la hauteur de l'œil de sa danseuse; là c'est un Hippocrate en herbe qui étudie consciencieusement toutes les variétés de la tulipe orageuse, attendant, avec une patience digne des plus grands éloges, l'époque où, affublé d'un caractère et d'un habit noirs, il tâtera gravement le pouls de quelque honnête homme las de vivre.

Des femmes charmantes et comme il faut viennent avec un touchant abandon se mêler à ces jeux. Une mise décente est de rigueur, dit l'affiche, et l'affiche a raison : vive l'affiche! Une mise décente consiste à ne pas avoir de bonnet, et cela se conçoit, si le bonnet était exigé le bal serait vide, ces dames les ayant depuis longtemps jetés par-dessus les moulins. Il y a quel-

ques années (et ce souvenir me démange),
que je me fusse infiniment mieux porté,
si l'affiche eût exigé des gants. Ce qui me
rappelle cet aphorisme de François 1er,
ce roi des verts galants :

Souvent femme varie !
Bien fol est qui s y fie.....

Pendant que les vieux boivent, les jeunes font danser ces dames et demandent
timidement un rendez-vous pour le lendemain, car pour ce soir il n'y faut pas
compter. Bacchus et Callipyge font en-
semble commerce d'amitié et autres, et les
vieux de l'estaminet se retrouveront, après
le bal, munis de ces épouses au café Val-
lée, un rude endroit que je vous recom-
mande et où semblent s'être réfugiés les
derniers vestiges de la vieille école, du
vieux quartier latin, comme dit la chanson. Là sont de bons vivants et de joyeuses filles sans façon et sans étiquette qui
y déjeunent le matin, y soupent le soir, fu-
ment, jouent au billard, enfin font abso-
lument comme chez eux ; charmante
réunion de garçons des deux sexes qui
quittent enfin la rue Dauphine, s'éparpil-

lent dans tout le quartier, regagnent leurs hôtels plus ou moins garnis, dont quelques minutes plus tard ils enchantent les échos d'un magnifique nocturne à deux nez. — Pendant que d'un côté on se livre au sommeil et à la digestion, de l'autre on veille, on songe au bal, on rêve à son rendez-vous du lendemain, mais non sans crainte ; et se comparant à ses superbes rivaux, le Béjaune baisse la tête dans l'attitude triste et honteuse de ces rosses qui traînent au pas (le cocher les bras croisés et fumant sa pipe) une citadine aux stores baissés.

Chapitre II,

POÉTIQUE ET VERTUEUX

Dédié aux étudiants de première année.

—

La mère en permettra la lecture à sa fille.

Le Prado, situé en face du Palais-de-Justice, dans le vaste bâtiment compris entre le quai aux Fleurs et la rue de Constantine, n'a rien qui dénote extérieurement les plaisirs et les folies dont ses murs graves et tristes sont le théâtre habituel ; et s'il m'était permis, ici, de faire une comparaison tirée de la Cuisinière

Bourgeoise, je l'assimilerais volontiers à ces noires et grossières truffes du Périgord, ces diamants de la cuisine dont l'écorce rude et terreuse cache une source de jouissances intimes pour quiconque a le bon esprit de ne pas s'arrêter aux apparences et de pénétrer au fond des choses.

Quand arrivant de votre province, muni d'une bourse légère et de conseils fossiles, vous promenez vers le soir devant l'antique palais de nos rois, c'est avec un saisissement étrange que vous entendez sortir des murs sombres et noircis qui l'environnent des accords d'une gaîté folle, des éclats de voix joyeuses au timbre métalliquement enroué, desquelles il est aisé de reconnaître des jeunes filles, et la tristesse vous venant à l'âme, vous vous prenez à regretter de ne pouvoir prendre votre part de ce bonheur dont vous ne percevez que le bruit, de ne pouvoir recueillir ces fleurs dont le parfum vous arrive. « Heureuses jeunes filles, dites-vous, qu'il doit être doux de se mêler à vos jeux ! » Puis l'imagination, cette folle du logis, venant à prendre son essor à toute volée, vous ra-

mène à toute vitesse vers ces palais fééri-
ques qui enchantaient vos 'rêves de jeü-
nesse : rêves peuplés de pressions de mains
amoureuses, de baisers volés à la surveillance des aïeux, de femmes à aimer, de
vierges à défendre, et enfin de tous les autres menus accessoires qui composent le
langage poétique et nuageux des aspirants
à devenir maîtres en l'art de plaire. Eh
bien ! ces douceurs idéales, ces femmes
tant convoitées, vous avez tout cela à deux
pas et vous l'ignorez ; vous souffrez près
de la réalisation de vos songes, vous êtes
pauvres près d'un trésor qui gît à vos pieds
en vous implorant de le recueillir, vous
touchez à l'accomplissement de ce que
vous aviez cru jusqu'alors un mirage
trompeur de l'amour ! .... Cette porte aux
arceaux gothiques, au religieux couloir,
est celle d'un palais qu'habitaient des fées
et des vierges.... folles ; cette porte est
celle d'un autre jardin des Hespaïdes dont
le dragon se laisse séduire à peu de frais
et où abondent des pommes qui pour n'ê-
tre pas d'or n'en sont pas moins agréa-
bles ; ceci soit dit en passant. Inutile d'a-
jouter, car ce serait insulter nos lectenrs,

que les porteurs de ces fruits appétissants, don précieux de la mère Eve à ses arrières petites-filles, appartiennent tous à ce qu'on est convenu d'appeler le beau sexe, par opposition, sans nul doute, au vilain dont nous faisons partie. Que ce sexe soit beau, ce n'est pas sûr, mais ce qu'il y a de certain, c'est qu'il a bien son charme et qu'on s'en passerait difficilement ; nous lui devons le péché originel, il est vrai, mais je crois franchement que nous ne lui en voulons guère, et nous avons bien raison. Nous faisons, du reste, chaque jour ce que nous pouvons pour le prouver, et notre seul regret à nous, vieux tabacs du quartier, est de ne pouvoir témoigner de notre pardon aussi largement que nous le voudrions. On me dispensera, je l'espère, de spécifier ici les motifs de cette parcimonie en fait d'amour.

Tant va la cruche à l'eau qu'à la fin elle se brise. Mais, où m'a conduit un seul mot ? où m'avez-vous amené pommes maudites, mais charmantes qui damnèrent nos premiers parents comme elles nous damnent encore chaque jour et avec tant de plaisir ?... On le voit, et Dieu vous la conserve longtemps, Mesdames, la race des serpents n'est pas morte pour vous, et vous ne leur avez jamais écrasé la tête, ce dont je vous remercie au nom des bipèdes mêlés de mon espèce.

Pardon, mes mignons, de cette digression quelque peu risquée peut-être et que j'aurais dû réserver pour vos aînés ; mais les vieillards sont causeurs, s'enchantent de leur propre sagesse et s'écoutent avec complaisance ; revenons donc à la littérature étoilée et parfumons vos âmes. Je vous ai quittés à la porte de cet Eden promis à vos jeunes années. Si, obéissant à cette impulsion secrète qui nous attire fatalement vers les choses utiles à notre bonheur, vous franchissez cette porte, vous vous arrêtez en proie à une crainte superstitieuse dès le premier pas, à une hallucination que justifie le magique spectacle qui s'offre à vos yeux ; vous vous demandez si vous n'avez pas forcé la demeure de quelque génie. Les contes *des Mille et une Nuits* vous reviennent en mémoire, et vous croyez avoir prononcé sans en avoir conscience un de ces mots cabalisti-

ques qui ouvraient jadis des cavernes mys-
térieuses ou vous transportaient en des
lieux enchantés.

Vous apercevez tout d'abord l'antre du
cerbère que vous apprivoisez au moyen
d'une pièce de vingt sous, puis, les con-
trôleurs qui vous regardent d'un air satis-
fait, en vous indiquant le bureau des can-
nes et des parapluies. Ce premier devoir
accompli, vous montez un superbe escalier
en spirale garni de glaces, de corbeil-
les de fleurs, et à l'extrémité duquel se
trouve un Turc auquel vous pouvez don-
ner un coup de poing, en passant, si le
cœur vous en dit. Je dois, du reste, vous
annoncer, dès à présent, que ce person-
nage est le seul de la maison qu'il soit
permis de frapper impunément. Mais tout
ceci n'est rien encore ! à votre gauche est
une pièce longue, que je qualifierai de foyer,
et où les artistes en chorégraphie viennent,
entre leurs exercices, se reposer de leurs
travaux ; là sont des banquettes où les
noyaux de pêche n'ont pas été épargnés,
et des billards chinois et groënlandais où
l'on gagne des objets précieux quand on
gagne. — Ainsi, si vous êtes adroits, vous

pourrez vous offrir ce charmant opuscule, le plus joli cadeau, sans contredit, que vous puissiez envoyer à vos parents, qui vous rappelleront immédiatement dans leurs foyers, s'ils ont le malheur d'en croire un seul mot. Plus loin est la salle du rond-point, où l'élite de la compagnie se donne rendez-vous et à laquelle est annexé un tir au pistolet. Plus haut, et dominé par l'orchestre, se trouve une salle longue que les habitués désignent sous le nom de rue Saint-Denis et dans laquelle les jeunes chevaliers du mètre et du centimètre, viennent, abandonnant leurs rayons, danser comme de simples mortels. Desblins, du haut de son trône olympien, fronce le sourcil, agite son archet en guise de sceptre, et tirant un des boyaux de son violon, fait gambader à l'unisson deux mille jambes et deux mille bras. Le père Bullier, qui prévoit tout et qui sait que quand on danse on sue, et que quand on sue on........ a soif, a eu la bienveillante idée d'établir deux confortables estaminets où la qualité des consommations trouve sa sanction dans la pentagruélique absorption qui s'en fait chaque soir.

Dans l'intérêt des bonnes mœurs, l'administration s'étant réunie, a déclaré à l'unanimité que, quiconque serait convaincu de pochardise serait, dorénavant, refusé au contrôle.

UNE VISITE DE BÉRANGER.

—

Aux premiers beaux jours du printemps,
le Prado ferme ses portes massives et ses
joyeux habitués vont comme une volée
d'oiseaux babillards et chanteurs s'abattre
à l'extrémité du jardin du Luxembourg,
dans cette charmante villa connue de tout
Paris sous le nom si poétique et si vrai de
Closerie des Lilas. Si je mentionne cette
émigration, c'est pour rappeler un illustre
visiteur qui vint il y a quelques années se
reposer à l'ombre de ses grottes et de ses
bosquets.

Béranger, l'ami de cette jeunesse qu'il a si bien chantée, est venu lui rendre visite. Il est venu, l'illustre vieillard, si toute fois le cœur et le talent vieillissaient, s'asseoir au milieu de nous, prendre sa part de nos joies et nos plaisirs, qu'il caressait du regard et de ce sourire triste et doux de l'homme vertueux qui a souffert.

Pour un homme grave, pour un observateur sérieux c'est une étude curieuse que celle de la jeunesse intelligente, car en elle réside le grand mot de l'avenir. Or, et Béranger le savait bien, lui qui sait tant de choses, que ce n'est point aux cours qu'il faut aller chercher la gent étudiante pour la rencontrer dans son expression la plus vraie. Là, vous voyez des hommes graves à la recherche d'une vérité qui les fuit, des travailleurs assidus posant la première pierre du piédestal où ils trôneront un jour ; là vous voyez des magistrats ou des savants, aux dehors polis comme l'acier, mais impénétrables comme lui. C'est donc au sortir de ces âpres études, de ces occupations épineuses, qu'il faut analyser cette organisation multiple, tantôt sévère et réfléchie, tantôt folle, turbulente, et livrée à tous les excès. Aussi c'est au Prado, et point ailleurs, que le chantre de nos gloires nationales est venu poser son camp d'observations.

A peine fût-il entré et assis, qu'un vieil étudiant le reconnut. « Béranger est ici, » dit-il, et la nouvelle de cette bonne fortune, traversant les salles et les jardins avec la rapidité d'une trainée de poudre, il fut aussitôt entouré, assailli par tous ces jeunes hommes avides d'une pression de cette main qui avait écrit de si belles choses, jaloux de voir ce noble front qui les avait pensées. Il n'y point jusqu'aux femmes qui ne se soient associées à cette sainte ovation, qui n'aient, elles aussi, témoigné de leur admiration pour ce génie simple, facile et bon pour tous.

Merci à vous, Jeanne la belle, qui lui avez offert votre bouquet ! Merci surtout à vous Delphine qui lui avez dit : « Je puis mourir heureuse, puisque j'ai embrassé Béranger. » Jeanne vous avez eu aussi votre part de cette splendide récompense. Heureuses filles ! Ne recherchons pas un passé douloureux sans doute et trempé de larmes ; mais quelque souillées qu'aient pu être vos fronts, sachez le bien, cette caresse d'un vieillard leur a fait une vie nouvelle ; elle les a transfigurées pour ainsi dire ; chacun doit s'incliner devant le baiser d'un grand homme et respecter le front où il l'a déposé. Gardez-le, jeunes femmes, ce mystérieux trésor qui donne une auréole à vos têtes déjà si belles de courtisannes ; gardez-le comme un précieux souvenir du passé et un talisman contre les mauvais jours.

Et vous, mon poëte, quand nous reviendrez-vous ?

Notre admiration n'est peut-être pas de celles qui peuvent flatter l'orgeuil des maîtres ; mais qu'il nous soit au moins permis de déposer à vos pieds l'obole du Samaritain.

LES OUAILLES DU PÈRE BULLIER,

Pour faire suite aux

OIES DU PÈRE PHILIPPE.

—

Formosi pecoris custos, formosior ipse.
Virg.

—

Les brebis du père Bullier ne sont pas toutes tondues quoique passant souvent sur le Pont-Neuf, ce monument connu dès l'antiquité par le bas prix des barbes et tonsures que faisaient des gens *ad hoc* aux petits chats et aux caniches barbus. Non, certes, elles ne sont pas tondues et possèdent pour la plupart de splendides toisons dont les figaros du quartier apprécieraient la valeur à un maravedis près. Sachez cependant, jeunes adultes, qu'elles n'en sont pas moins agaçantes pour cela ; et allez donc croire encore, sur la parole de M. de Chateaubriant, que le feuillage n'a de grâce que sur la cîme de l'arbre où il est né ! En vérité, je vous le dis, ce sont là des balançoires de poëtes. — Et que nous importe, après tout, l'origine de la rose quand nous en respirons les parfums ; que nous importe quand nous te voyons, petit myosotis aux fleurs bleues, que tu sois né dans un marais ou sur le bord d'un ruisseau plein de mousse et de doux murmures ?

Mais ceci ne vous regarde pas, vierges folles qui allez me dicter ces pages ; vos grâces ne sont point des beautés d'emprunt, et, comme la Musidora d'Alfred de Musset, vous pourrez vous couvrir de vos charmes comme d'un manteau ; ne soyez donc plus boudeuses et souriez de ce doux sourire qui rend adorables les femmes que Dieu fit belles. Souriez, vous surtout Annette, dont les lèvres masquent des perles

et doivent si bien mordre quand elles aiment ; vous dont les grands yeux noirs
réclament une mantille, dont la taille élé-
gante et sinueuse comme un serpent, ap-
pelle à grands cris une basquine et un
jupon court, charmant costume de l'An-
dalousie, ce pays d'amour où vous eussiez
dû naître ; souriez aussi de cet air triste
et mélancolique dont vous avez le secret,
Blanche, l'intelligente dont les contours
déliés et purs rappellent le ciseau de Feu-
chère ou de Pradier; Blanche, vous qui,
semblable à l'hermine aristocratique, ne
vous aventurez qu'à bon escient et crai-
gnez tant de vous compromettre. Qui ne
se souviendrait de vous en parlant d'élégance et de gentillesse, Léontine, Jenny,
Annette la petite, Delphine et tant d'autres ? de vous Léontine à la danse aristo-
cratiquement échevelée ? de vous Jenny,
surnommée l'hirondelle, la danseuse de
caractère par excellence, la reine de la
Redowa. Prenez garde, cependant, et veil-
lez à ce que votre gloire ne fasse pas un
faux pas ; dans ce quadrille. près de vous,
est Annette la petite. Annette la choré-
graphe au jarret d'acier, aux tibias en fil

de laiton, Annette enfin qui d'un coup de pied décoifferait le génie de la Bastille, si, prévoyant le cas, on n'avait omis de lui offrir un chapeau. Vous êtes une belle créature de Dieu, à moins cependant que ce ne soit du diable, Annette, type de la beauté juive dans sa plus splendide expression ; vous dont les longs yeux ont tant de langueur et disent tant de choses étranges, vous dont le profil a la pureté d'un camée antique, et dont tous les muscles ont cette beauté de formes luxuriantes dont la richesse irrite les nerfs et fait naître la convoitise ! Que dirais-je de vous Delphine que l'on compare à la fleur des champs, de vous la femme à l'exquise élégance, à la démarche patricienne, aux extrémités blanchement paresseuses, aux yeux bleus, aux cheveux noirs, aux dents blanches ? A propos, qu'est donc devenu votre petit chien ? Il ne faut pas m'en vouloir si je n'ai pas encore parlé de vous, Céline, petit démon dont les cheveux dorés rappellent ceux des anges, figure mutine que nous avons vu figurer jadis dans ces soupers qui ont immortalisé dans l'histoire un régent grand viveur ; fêtes splendides et galantes où aurait gaîment tenu son emploi Mathilde la danseuse lascive, dont la taille svelte et élancée embrasse, hermétiquement onduleuse, le corps de son heureux cavalier. Ceci soit dit sans vous offenser, Marie Ballon, l'étudiante aux turgescents appas, aux formes rebondissantes, potelées et blanches de cette graisse marmoréenne devant laquelle se prélassait Rabelais, l'homme qui parlait le plus gras de son temps. Marie, vous êtes une bonne fille ; il n'y a qu'une voix sur votre compte à cet égard, et ce n'est pas la mienne ; continuez donc à engraisser (les méchants sont toujours maigres), et que saint Antoine vous soit en aide ! Je vous ai dit que vous étiez une bonne fille, ne vous en offensez pas ; si peu de femmes le méritent, c'est, à mon avis, la meilleure des louanges possibles ; continuez ce que vous avez commencé, et peut-être un jour arriverez-vous à être entourée de cette affectueuse considération qui est la dernière, mais aussi la plus durable couronne de ma vieille amie Louise *la Baloche*. Celles qu'on lui décernait dans sa jeunesse étaient faites de fleurs, et passagère comme elles, celle qu'elle porte aujourd'hui est d'or, et impérissable comme lui. Reine aujourd'hui par le luxe, l'élégance et l'esprit, toutes envient son bonheur mais nul ne le jalouse. De toutes les beautés qui régnaient à une autre époque, Louise est la seule qui n'ait pas abandonné son quartier et ses amis, et elle a bien fait, c'est une preuve de cœur et d'intelligence ; c'est du reste une nature hors ligne, et si elle eût été appelée à vivre dans un autre monde, elle y eût été une femme supérieure ; j'en ai rarement vu de plus heureusement douée. Qu'êtes-vous donc devenues Hortence, Louise l'africaine, Pochardinette, Alice, Maria, Clara, Jennie, Palmyre et tant d'autres ? je n'ai plus de vous que le souvenir ; semblables aux fleurs pâlies, aux feuilles jaunies, vous êtes-vous donc envolées quand votre automne est venue ?

Maintenant ma petite Blondinette, prenez mon bras et faisons un tour ; le voulez-vous ? Je suis un chevalier peu correct, pas beau, et peu fait pour flatter l'orgueil d'une jolie femme, mais une fois par hasard ? Je ne vous l'ai jamais dit, et pour-

tant j'aime à me trouver à vos côtés C'es
que vous me rappelez de bien doux ouve-
nirs ; moi aussi je fus jeune et j'aima leux
femmes aux cheveux blonds, aux eux
bleus et veloutés comme les vôtre ....
N'est-il pas vrai Louise que je vous ai l en
aimée ; vous le disiez alors, mais aujo r-
d'hui vous l'avez oublié.

Et vous, pauvre Charlotte, qui n'êtes plus!
Quelque frivole que soit cet ouvrage , qu'il
me soit permis de jeter sur votre tombe,
à peine fermée, les fleurs stériles, hélas !
de mes souvenirs et de ma pitié. Vous
aussi fûtes bonne et dévouée, et comme à
la Madeleine des anciens jours, il a dû
vous être beaucoup pardonné, car vous
avez bien et saintement aimé.

Les femmes sont comme les fleurs que
le hasard a fait pousser à l'ombre ; elles
tendent incessamment à la lumière, et
d'une manière ou d'une autre, il faut toujours que leur corolle fraîche et embaumée
vienne s'ouvrir aux rayons du soleil qui
les fane et les dévore.

O TEMPORA ! O MORES !

Autre temps, autres mœurs.

(Traduction libre.)

—

Où donc es-tu, gentille étudiante,
Au frais minois, parée d'un frais bonnet?

—

Ohé Pierre ! Ohé Laurent ! un moos et une chope pour moi, un verre de groseille pour Monsieur.

— Monsieur est malade ?

— Non, Pierre, il est jeune.

— Tant mieux, grommela-t-il en s'en allant. Et quelques instants après il revenait apportant les consommations demandées.

— César, reprit l'homme au moos, votre père désire faire de vous un étudiant modèle ; il m'a chargé du soin de votre éducation et c'est un devoir dont je veux m'acquitter dignement. Ecoutez-moi donc, en buvant votre groseille, vous aurez le droit d'argumenter.

En rentrant, vous allez commencer tout d'abord par appeler votre garçon d'hôtel, et lui faire hommage de toute votre garde-robe, dont la coupe décèle la naïveté des tailleurs de Carpentras ou de Quimper-Corentin. Vous daignerez le prier d'agréer ces nippes, avec lesquelles vous eussiez été le lion du quartier il y a dix ans ; mais aujourd'hui vous auriez l'air du laquais de vos amis : la jeune école a changé tout cela. Surtout gardez-vous bien de les vendre, l'étudiant actuel ne fait plus affaire avec le marchand d'habits. Ce sacrifice fait au préjugés de votre petite ville, vous irez chez votre tailleur, car il vous en faut un, et vous vous ferez habiller à la mode qui est celle-ci : Pantalon trop étroit, gilet trop large, habit trop court, le tout recouvert de l'un de ces affreux vêtements en caoutchouc, qui vous donnent tout l'air d'un ballot, se rendant lui-même au roulage.

Ce devoir accompli, vous éviterez avec soin les pensions honnêtes et bourgeoises, où l'on dîne bien, mais à trop bon marché, et vous irez chez Saladin ou autre merlan de renom, vous commanderez une paire de favoris britanniques et roux avec une coiffure *éjusdem farinæ*. Vous aurez par ce moyen, la tête séparée en deux parties égales, par une raie, qui partie du milieu du front, va aboutir au-dessus de l'épine dorsale dont elle a l'air de jalouser la partie inférieure à laquelle elle finit par ressembler. Posez cette tête sur un pantalon qui fait les genoux cagneux, sur un habit, dont les basques vous donnent, vus de dos, tout l'aspect d'un scarabée, et vous aurez alors l'air tout-à-fait Anglais, surtout si vous avez, convenablement posé sur le nez, une de ces lunettes doubles que faute de mieux avaient adoptées nos grands mères et dont le ridicule et le bon goût avaient fait justice depuis longtemps.

Il vous faudra aussi une maîtresse, et omme il est assez difficile de faire un

choix, profitez de mon expérience. Vous
pourrez rencontrer par hasard, une jeune
fille fraîche, jolie, neuve peut-être ou à
peu près, ayant des goûts simples comme
sa robe d'indienne ou son bonnet à petits
rubans, ayant peu de besoins et ne faisant
pas à votre bourse un accroc plus grand
que l'ordonnance ne le comporte. Regar-
dez-là si bon vous semble, mais ne vous
y arrêtez pas : ce n'est point là votre affaire. A votre âge, pour se poser confor-
tablement, il ne faut pas prendre une
maîtresse dans les bras de laquelle on
serait heureux loin des regards du monde;
il faut une femme pour le public, une femme couverte de satin, de velours, de fleurs
et de Ruolz; on se la met au bras et on
la promène au Luxembourg et dans les ca-
fés du quartier, après avoir passé succes-
sivement chez le coiffeur, la modiste et le
marchand de gants. Le soir on peut aussi
la conduire au bal ; mais on n'y cause pas,
le plaisir serait trop cher avec une pareille
toilette. Pour y résister, il faudrait aux
hommes les trésors de Monte-Christo; quant
aux femmes plus heureuses, elles ont pour
subvenir à ces frais, des trésors que la

dépense ne dissipe pas, mais que la vieillesse et la maladie épuisent et tuent. Ces
trésors sont : ou leur beauté réelle ou celle
qu'on veut bien leur prêter et quelles doivent souvent au coiffeur, au dentiste, à la
corsetière, au parfumeur. Oui César, beaucoup de femmes cachent des teints livides
et violacés sous ces couches de vermillon
ou de poudre de riz ; ce sont des pastels
ambulants, et pour apprécier leur beauté,
il faut se connaître en peinture. Essayez,
leur fraîcheur ne résistera pas à un coup
d'éponge. Leur corps n'est pas plus vrai
que leur figure ; elles sont dans leur corset
comme l'eau dans la carafe ; brisez la carafe et vous verrez : Rien, plus rien ;
affreux spectacle ! amère dérision ! des
manches de parapluie sous des baleines.
Et pourtant des gens de cœur vont se
couper la gorge pour ces exhibitions fossiles : ne dirait-on pas, en vérité, des chiens
affamés qui se battent pour un os ? Mais
revenons au bal, vous pourrez néanmoins
faire, soit une Redowa, soit un Schotisch,
sans trop compromettre l'intégrité de votre
toilette. S'il pleuvait au sortir, prenez un
coupé, ne vous encanaillez pas d'un pa-

rapluie ou de socques articulées. c'était
bon tout au plus pour M. de Balzac; puis
faites-vous conduire chez Magny, où à 15
ou 20 fr. par tête (c'est pour rien) vous
mangerez d'excellent gibier et du poisson
très-frais ; mais chez Magny et pas ailleurs,
entendez-vous ? Si votre femme est gour-
mande, ce qui a toujours lieu, vous pourrez la conduire chez Crétaine prendre un
pain au lait, comme plaisanterie, c'est assez bien porté

Quant au café, vous ferez bien de vous en
dispenser. Si cependant vous êtes quelque-
fois obligé d'y aller, ne prenez qu'une bava-
varoise ou autre loch semblable. Si vous fu-
mez, que ce soit une cigarette et encore rarement. Si vous causez que ce soit toujours
de choses indifférentes. Si vous entendez
parler politique près de vous, prenez votre
chapeau ; si un mot vous échappait on pourrait vous mettre à la porte et personne ne
se leverait pour vous défendre. Vous com-
prenez, il faut de l'esprit de corps.

Tout à l'heure, vous avez été sur le point
de m'interrompre, me voyant boire de la
bière et fumer la pipe. Ceci, voyez-vous,
est une habitude d'une autre époque. Vous

emarquerez aussi que mon paletot est confectionné et mon chapeau dans toute la force de l'âge ; vieille habitude. Autrefois nous ne promenions pas nos pieds sur le boulevart dans des bottes Sakowski ; ils habitaient modestement le quartier habillés à peu de frais, mais n'en prenant pas pour cela plus d'eau que leurs propriétaires. Bons princes avec les amis, ils étaient la terreur des rectums étrangers. Alors on causait politique, sciences et arts, on présidait des banquets, on allait à la *chaumière* en chantant les refrains de Béranger. Mais tout cela est bien vieux pour vous.

Revenons aux femmes. César vous êtes destiné à réussir près d'elles, je veux par mes conseils accélerer vos succès. D'abord il est quelque chose qui sonne fort agréablement à leur oreille : c'est une bourse bien doublée, en dehors de cela il n'y a jamais rien ; on demande un serin dont on pourrait faire un pigeon. — Un jeune imprudent de votre âge voulut séduire une de ces dames par les charmes d'une littérature à la vanille et au benjoin, le résul-

tat fut médiocre. Je vous offre comme
modèle du genre cette poésie malingreuse
et indigeste ; Dieu veuille qu'elle vous soit
légère! Ce qu'il y a de préférable dans cette
pièce c'est l'objet au quel elle est dédiée :

ORIENTALE.

—

A BLANCHE.

—

> Il n'est dans ce bas monde, où tout passe à son tour,
> Qu'une chose qui soit divine, et c'est l'amour.
>
> (V. Hugo.)

Quand le soir est venu, les gazelles timides
Se suspendent aux fleurs des lianes humides
    Des larmes de la nuit.
Comme elles, je voudrais, Blanche, ô ma bien-aimée,
Me pendre, ivre d'amour, à ta lèvre embaumée ;
    Je voudrais, quand le jour s'enfuit,

Assis à tes côtés, dans l'ombre et le mystère,
Ecouter tes accents, qui n'ont rien de la terre,
    Ange des cieux d'azur ;
T'adorer à genoux comme on prie une sainte,
Voir du plus doux baiser la trace encore empreinte
    Sur ton front si noble et si pur ;

———

Je voudrais à toi seule, ange, démon ou femme,
Ouvrir tous les trésors que renferme mon âme,
    Que je sèle en mon cœur
Sentir tes longs cheveux, agités par les brises,
Flotter sur mon visage en boucles indécises,
    Et puis mourir de mon bonheur ;

———

Car je mourrais... alors, mon âme consolée
S'endormirait du songe sans réveil ;
Et puis l'on planterait, sur ma tombe isolée,
    L'arbre des pleurs et du sommeil.

———

Voilà les vers de la génération nouvelle, et, avouez-le franchement, cela ne vaut pas cher. Lamartine, le poëte larmoyant, n'eût pas fait pis, et cependant Dieu sait s'il peut parler longtemps sans rien dire !... — « Ce qui ne vaut pas la « peine d'être dit, on le chante, » disait Figaro au comte Almaviva. Ne trouvez-vous pas que ces vers hurlent après un compositeur ?

Jadis, nous faisions aussi de petits Poëmes, mais c'était autrement touché. Elaborés dans un milieu de petits verres et de fumée, ils avaient la force, l'esprit des premiers et le sans-façon des spirales échappées des gueules béantes de nos pipes. Tenez, écoutez-moi ça :

UN AMOUR AU PRADO.

RÉCIT.

> . . . . , ... Affreuse compagnonne
> Dont la barbe fleurit et dont le nez trognonne.
> (V. HUGO.)

C'était un jeudi soir : ennuyé de moi-même,
Comme on l'est du poisson à la fin du carême,
Je fus au Prado si joyeux,
Pour noyer mes ennuis aux accords des quadrilles,
Aux propos agaçants des folles jeunes filles
D'Odéon-Street ou d'autres lieux.

Mais j'étais disposé d'une manière affreuse,
La plus jolie enfant me paraissait hideuse,
            Et je songeais à déguerpir,
Quand, brune, aux cheveux noirs, aux mains pures.
                                    [et blanches,
Aux seins horizontaux bondissant sur les hanches,
            Une danseuse vint s'offrir.

———

Un brodequin d'enfant pressait son pied docile;
Je demandai son nom : on l'appelait Lucile;
            Je ne songeais plus au départ;
Mon ennui s'enfuyait en la voyant sourire...
Et, m'approchant alors, j'essayai de lui dire
            Tout le charme de son regard.

———

Mais, hélas ! par malheur un vieux cornac femelle,
A son bras accroché, ne quittait pas ma belle
            De son laid regard de hibou.
C'était pour la louer, peut-être pour la vendre;
Je ne sais ; mais soudain je sortis et fus prendre
            Ma canne, et je payai trois sous.

———

Rendu sur le trottoir, je me dis : Cette vieille.
A faire de dépit crever une corneille,
   Me prive d'un coucher de roi.
Prends garde à toi, vieux meuble, affreuse bohé-
                       [mienne,
Je te garde en secret quelque chien de ma chienne,
   Tu peux t'en rapporter à moi.

———

Et j'avais grand raison ; car, comprenez-vous com-
Ment un hideux chicot vient priver un jeune homme
   Du bonheur qu'il a sous la main ?
Oui, gare à toi, mégère, horrible créature,
Vache maigre du Nil, si jamais, d'aventure,
   Je te trouve sur mon chemin !

———

Mais laissons de côté cette vieille abrutie ;
N'est-ce pas ton avis, cher lecteur, que j'ennuie
   Avec cet ambulant charnier ?
Oui, je m'en doutais bien; je vais donc passer outre.
Si j'y reviens, je prends la casquette de loutre
   Et me fais notaire ou portier.

———

Or, je courus longtemps bouchons, cabarets borgnes,
Paul-Niquet, Monfaucon et la halle aux ivrognes,
    Sans trouver l'amour de mon cœur.
Mais je cherchais trop haut ; la pauvre infortunée
Honteuse, et je le crois, s'était abandonnée
    Aux soins d'un commis voyageur.

———

Elle était condamnée à bien triste pâtée ;
Sa mince nourriture était miette tombée
    De la table d'un asticot,
Qui, mort empoisonné par cette chose affreuse,
Figurait maigre et nu sur la nappe vineuse
    Où festoyait le calicot.

———

Tu m'appris ces détails dans un chaud tête-à-tête,
En soupant chez Magny, restaurateur honnête,
    Providence des amoureux ;
Puis, la carte payée, une voiture à l'heure
Nous mit, ivres encore, au seuil de ta demeure ;
    Et ton lit nous reçut tous deux ..

———

Voilà, ce me semble, de la littérature sans prétention. Eh bien ! nos femmes l'aimaient ainsi, car elles n'étaient pas ce que sont vos maîtresses d'aujourd'hui, pauvres filles qui n'aiment plus et qui s'ennuient sous leurs chapeaux de velours et leurs robes de soie, tandis qu'elles étaient rieuses et satisfaites sous l'indienne et le bonnet à fleurs des anciens jours. Nos maîtresses, à nous, ne quittaient jamais notre toit, parce qu'elles s'y trouvaient mieux que partout ailleurs, partageant nos bons et nos mauvais jours. Elles étaient nos meilleures amies et avaient confiance en nous, qui ne les trompions pas ; elles vivaient de notre vie et leurs enfants étaient les nôtres. L'annonce d'un héritier futur était accueillie avec joie dans les mansardes de la rue Saint-Jacques, les amis venaient nous complimenter, on allait chez Rousseau l'aquatique manger un de ces beefteaks qui naguère encore traînaient un fiacre, et on terminait la journée à la brasserie. A partir de cette époque on entrait en guerre ouverte avec le bal et l'estaminet ; la jeune mère préparait les langes, le papa futur travaillait ses examens, n'interrompant tous deux leurs occupations que pour échanger un sourire, une pression de main et un baiser. Parfois suivaient des mariages réguliers qui n'en étaient pas plus malheureux, et épouser sa maîtresse ne s'appelait pas alors, comme aujourd'hui, *manger du mouton en hachis.*

Eh bien ! ces femmes, vous les avez tuées; aujourd'hui, vous les appelez des anges, et demain vous les brisez comme un enfant fait d'un jouet dont il est fatigué ! ces femmes, vous les méprisez et leur apprenez à se mépriser elles-mêmes ; vous en avez fait une marchandise, et elles ont accepté cette position, se vendant au plus offrant. — Les hommes de bronze font les filles de marbre. — Vous promenez au bras le chapeau de celui-là, et si vous aviez été hier l'amant, comme vous l'êtes aujourd'hui, ce bras qui s'appuie sur le vôtre aurait une bague et un bracelet de moins, comme demain il aura une bague et un bracelet de plus. Vous marchez côte à côte avec la luxure tarifée; ce n'est point à une jeune fille, c'est à un quotient que vous servez de cornac.

N'est-il pas vrai, Madame, qu'il vous coûte bien cher, ce luxe qui vous environne, et qne vous passez bien des nuits pleines d'insomnie près de ces étrangers d'hier que vous ne reverrez plus.

❦

FINIS

CORONAT AUX PUCES.

—

Mais quel est cet air doux et triste, cette mélodie qui porte à l'âme ? C'est le prélude d'une redowa de Desblins, le grand enchanteur de ces lieux, compositeur-roi du quadrille et de la walse. Pour sceptre il tient un archet dont il caresse ou frappe son pupître. Voyez, l'air est lent et suave ; il se penche sur son orchestre et le flatte comme fait un cavalier au cheval qu'il veut dompter, tandis que son voisin

de gauche nous poursuit horizontalement
du son de son fifre, qui siffle comme un
coup de fouet. Desblins, qui a égrené tant
de notes, vient de nous gratifier d'une pro-
duction nouvelle :

Trin-Chi-Koang,

titre que vous voyez sur l'affiche en ca-
ractères gras et appétissants et qui veut dire
en chinois : Donnez-vous la peine d'en-
trer. Hourrah ! les trompettes !... Zin !
zin ! les cymbales ! Pet ! pet ! les trom-
bonnes ! Zut ! zut ! la flûte ! bravo, les
pistons ! tenez bon, les chapeaux chinois !
allez-y gaiment, la grosse-caisse ! Hourrah ! hourrah !.. les magots cancannent,
les mandarins chahutent, les Chinois
suent et tout le monde *danse* : les specta-
teurs se bouchent le nez... C'est magnifique !

A ce tohu-bohu infernal répondent, du
fond des billards, des chants et des éclats
de voix à briser les vitres. Ce qu'on chante,
le voulez-vous savoir ? Le voici :

LE CHANT DES ÉTUDIANTS.

Air : de la Flûte à Mathurin.

Que le vin coule à longs ruisseaux
  Loin des buveurs maussades,
Et pour féconder nos cerveaux,
  Amis, versez rasades.
 Il faut qu'en Chantant le vin,
 Du sujet chacun soit plein ;
  Montons avec audace
Sur un tonneau de chambertin
  Amis, c'est le Parnasse
  Du vieux quartier latin.

Sans me tourner de cent façons
Sur mon lit solitaire,
Moi, quand je trouve une chanson,
C'est au fond de mon verre :
Ma Muse, sur un bouchon,
Se met à califourchon ;
Quand Minerve s'envole,
Bacchus se charge du refrain ;
C'est le maître d'école
Du vieux quartier latin.

—

A la noce|d'un charpentier
Le vin fit un jour faute,
Jésus descendit au cellier
Sur la foi de son hôte.
Les tonneaux pleins d'eau, dit-on,
Se changèrent en Mâcon...
Amis, faisons neuvaines
Pour qu'il veuille changer en vin
L'eau claire des fontaines
Du vieux quartier latin.

—

Holopherne, plein comme un œuf,
    Dit à Judith la belle,
Depuis plus d'un mois je suis veuf ;
    Ne fais pas la rebelle.
    Prenant un sabre, au hasard
    Elle en frappa le pochard.
    Mais, ô Judith modernes,
Épargnez ce triste destin
    Aux jeunes Holophernes
    Du vieux quartier latin.

Vive la gaîté ! Sans souci,
    Le bonnet sur l'oreille,
Ne souffrons d'étiquette ici
    Que celle des bouteilles.
    Nargue du rouge et du blanc,
    Soyons gris en attendant ;
    Gaîté, si l'on t'exile,
Si tu n'as plus qu'un seul terrain,
    Ah ! garde pour asile
    Le vieux quartier latin.

Amis, rassemblons-nous toujours,
    Pour chanter, rire et boire ;
Et des grands Catons de nos jours
    Pensons comme Grégoire.
  Loin du code et des ennuis,
  Grisons-nous, mes bons amis.
    A chacun sa bouteille,
Sa femme au cou, le verre en main...
    Et voilà comme on veille
    Au vieux quartier latin.

—

Bacchus, le Dieu des anciens temps,
    Vit encore à cette heure ;
Demandez aux étudiants,
    Chacun sait sa demeure.
  En dépit du vieux Pluto,
  Il se pocharde au Prado ;
Et qu'en choquant son verre
Chacun répète ce refrain :
    A Bullier, c'est le père
    Du vieux quartier latin.

—

Ainsi chantent les vieux étudiants, qui, laissant aux plus jeunes et la danse et la soif, boivent et s'amusent de telle sorte, qu'Homère, en les entendant rire ainsi, eût certainement pris tous ces pochards pour des dieux.

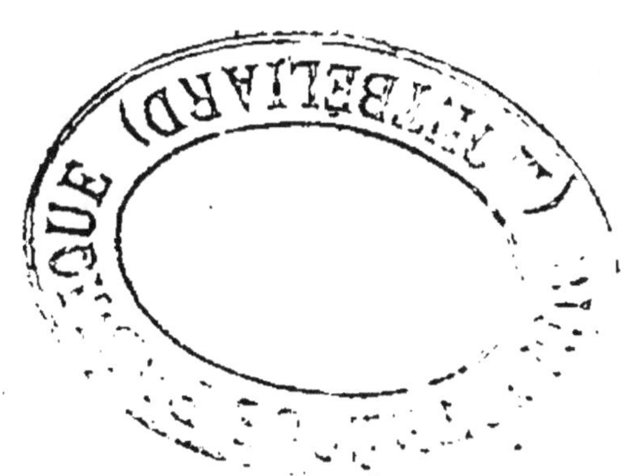